Punsch, Gebäck & mehr

compact via

Abkürzungen

EL	Esslöffel	Bd.	Bund
TL	Teelöffel	Msp.	Messerspitze
kg	Kilogramm	kcal	Kilokalorien
g	Gramm	kJ	Kilojoule
mg	Milligramm	Alk	Alkohol
l	Liter	EW	Eiweiß
ml	Milliliter	F	Fett
cl	Zentiliter	KH	Kohlenhydrate
gestr.	gestrichen	1 kJ = 0,239 kcal	
geh.	gehäuft	1 kcal = 4,184 kJ	
TK	Tiefkühl…		

Impressum

compact via ist ein Imprint der Compact Verlag GmbH

© Compact Verlag GmbH
Baierbrunner Straße 27, 81379 München
Ausgabe 2015

Einleitungstext: Frank Müller
Chefredaktion: Dr. Matthias Feldbaum
Redaktion: Isabel Martins
Produktion: Ute Hausleiter
Abbildungen: siehe Bildnachweis S. 80
Titelabbildung: StockFood
Gestaltung: h3a GmbH, München
Umschlaggestaltung: red.sign GbR, Stuttgart

ISBN 978-3-8174-9833-8
381749833/1

www.compactverlag.de

Inhaltsverzeichnis

Weihnachten, wie es duftet und schmeckt

Wenn die Tage kürzer werden und sich das Wetter von seiner nasskalten, stürmischen Seite präsentiert, wärmen Gebäck und Punsche Körper und Seele. Weihnachten steht vor der Tür. Dabei hat die schönste Zeit des Jahres nicht nur ihre eigenen Bräuche und Traditionen, sondern auch ihre Düfte und Geschmäcke.

Gewürze aus Tausendundeiner Nacht

Einst brachten die Heiligen Drei Könige dem Christkind ihre Geschenke aus dem Morgenland: Gold, Weihrauch und Myrrhe. Orientalisch mutet auch die Weihnachtsbäckerei an. Gewürze aus Tausendundeiner Nacht verleihen den weihnachtlichen Leckereien ihren unverwechselbaren Geschmack. Ob in Lebkuchen oder Christstollen, Glühwein oder Gewürzmilch – Anis, Kardamom, Nelken, Zimt & Co. sind aus der schönsten Zeit des Jahres nicht wegzudenken.

Anis: Das im Volksmund als „süßer Kümmel" bezeichnete Gewürz stammt ursprünglich aus dem östlichen Mittelmeerraum. Die wenige Millimeter großen Früchte der Anispflanze werden getrocknet und gemahlen. Das leicht lakritzige, zartsüße Aroma des Anis wird vor allem in gewürzlastigen Süßspeisen geschätzt. Anis ist daher ein klassischer Bestandteil von Lebkuchengewürz. Anis sollte stets sparsam zum Einsatz kommen, da er sonst andere Gewürze und Zutaten in den Hintergrund drängt.

Gewürznelken: Der Gewürznelkenbaum gedieh einst ausschließlich auf den Molukken. Dessen Knospen wurden ihrer Form wegen im Mittelalter „Nägelein" genannt, wovon sich die Bezeichnung „Nelken" ableitet. Gemahlen verlieren die Gewürznelken schnell ihr leicht scharfes, pfeffriges Aroma, weshalb es ratsam ist, die Knospen vor ihrer Verwendung in einem Mörser fein zu zerstoßen. Aufgrund des hohen Anteils ätherischer Öle ist das Aroma sehr intensiv, daher sollte es nur sparsam verwendet werden. In Lebkuchen, Glühwein und der Feuerzangenbowle darf das Gewürz nicht fehlen.

Ingwer: Die frisch schmeckende, zitronig scharfe Wurzel der Ingwerpflanze wird rund um den Globus besonders mit asiatischen Gerichten in Verbindung gebracht. Darüber hinaus ist Ingwer aber auch unverzichtbarer Bestandteil von Lebkuchengewürz – so bedeutet „Gingerbread", der englische Begriff für Lebkuchen, wörtlich übersetzt „Ingwerbrot". In der Backstube kommt Ingwer gemahlen zum Einsatz, für Punsche verwendet man hingegen am besten in Scheiben geschnittenen frischen Ingwer.

Kardamom: Kardamom stammt ursprünglich aus Indien und Sri Lanka. Verwendet werden die Samenkörner, die von einer Samenkapsel umschlossen sind. Im Geruch erinnern diese an dunkle Schokolade und heißen Kakao, der gerade in der kalten Jahreszeit wohlschmeckend und wärmend mit Kardamom gewürzt werden kann. Der aromatische, süßscharfe Geschmack offenbart aber auch die Verwandtschaft des Kardamoms zum Ingwer. Kardamom ist in gemahlener Form unverzichtbarer Bestandteil von Lebkuchengewürz und darf auch bei der Zubereitung von Spekulatius und Gewürzplätzchen nicht fehlen.

Muskatnuss und -blüte: Muskat kommt in zweierlei Formen zur Anwendung. Der Samenkern des ursprünglich auf den Molukken beheimateten Muskatnussbaumes, die Muskatnuss, wird gerieben und zu Pulver verarbeitet. In hohen Dosen (ca. fünf Gramm in kurzer Zeit) ist es giftig – sein feurig-scharfes und leicht bitteres Aroma ist jedoch so intensiv, dass es ohnehin nur in kleinsten Mengen verwendet werden darf. Der Mantel, der Schale und Samenkern umgibt, die Muskatblüte oder Macis, schmeckt ähnlich, wenn auch etwas milder. Muskat ist in den meisten Lebkuchengewürzen enthalten, verleiht aber auch beispielsweise einer heißen Mandelmilch das gewisse Etwas.

Piment: Der Duft von gemahlenem Piment erinnert unweigerlich an Weihnachten. Kein Wunder, verfeinert sein vielfältiges, wärmendes Aroma, das Anklänge von Muskat, Nelken, Pfeffer und Zimt besitzt, doch etliche winterliche Leckereien: unter anderem Lebkuchen, Weihnachtsschokolade oder Glühwein, aber auch den klassischen Rehbraten. Bei den kleinen schwarzen Körnern handelt es sich um die getrockneten Früchte des karibischen Pimentbaumes.

6

Sternanis: Schon aufgrund ihrer Form wecken die getrockneten Früchte des Echten Sternanis, eines in den Tropen beheimateten Baumes, Assoziationen an Weihnachten. In vornehmlich weißem Glühwein und anderen Punschen macht er aber nicht nur eine gute Figur, sondern verleiht ihnen auch eine wärmende, exotische Note. Sternanis ist nicht mit dem Anis verwandt, erinnert aber mit seinem lakritzigen Geschmack, der auch in Lebkuchen und anderem Weihnachtsgebäck geschätzt wird, an seinen Namensvetter.

Vanille: Der Klassiker für unzählige Süßspeisen nicht nur zur Weihnachtszeit besitzt einen unverwechselbaren feinherben, dezent lieblichen und sahnigen Geschmack. Gewonnen wird das Gewürz aus den fermentierten Früchten einer tropischen Kletterorchidee, deren Geheimnis von den Azteken im frühen 16. Jahrhundert an die Europäer weitergegeben wurde. Verwendet werden die ganzen Schoten oder die winzigen Samenkörner, das Vanillemark, das sorgfältig aus den Schoten herausgekratzt werden muss. Die Schoten sollten immer in gut verschlossenen Glasröhrchen gelagert werden, da sie an der Luft schnell ihr Aroma verlieren.

Zimt: Der verlockende Geruch von Zimt ist fest mit der Weihnachtszeit verbunden, sein Aroma federführend in allerlei Adventsleckereien wie Bratäpfeln und Zimtsternen, Glühwein und (nicht-)alkoholischen Punschen. Bei dem würzigen, angenehm süßen Zimtpulver handelt es sich um die fein gemahlene Rinde des Zimtstrauchs. Für die Zubereitung von Heißgetränken werden die Rindenstücke am besten als Ganzes in die Flüssigkeit gelegt und mit dieser aufgekocht.

Die Basis für gelungene Punsche

Was gibt es Schöneres, als aus einem verschneiten Wintertraum in die warme Stube zu kommen und mit einem Heißgetränk die Kälte aus dem Körper zu vertreiben! Besonders beliebt ist der Glühwein, der in der Adventszeit millionenfach auf Weihnachtsmärkten ausgeschenkt wird. Doch auch ganz ohne Alkohol lassen sich herrliche Weihnachtspunsche zaubern.

Milch: Mit wenigen Handgriffen ist aus Milch ein leckerer Weihnachtspunsch gezaubert, ob als aromatisierte Trinkschokolade oder raffinierter als Gewürzmilch. Für den vollen Geschmack empfiehlt es sich, stets Frischmilch zu

verwenden, die durch Pasteurisation – das heißt Erhitzung auf 72 bis 75 Grad Celsius – für einen Zeitraum von ca. zehn Tagen haltbar gemacht wird. H-Milch hingegen wird ultrahocherhitzt (mindestens 135 Grad Celsius), was eine Haltbarkeit von acht Wochen und länger ermöglicht, aber auch wertvolle Vitamine zerstört und den Geschmack beeinträchtigt.

Mandelmilch: Der Name führt in die Irre – Mandelmilch hat zwar etwas mit Mandeln zu tun, nicht aber mit Milch. Die Herstellung ist einfach: Man übergießt gemahlene und angeröstete Mandeln oder eine Mandelpaste mit heißem Wasser und lässt diese Mixtur am besten über Nacht ziehen. Die danach abgefilterte Mandelmilch kann dann noch zum Beispiel mit Vanille verfeinert werden. Verzehrfertige Mandelmilch, mit und ohne Aroma, gibt es im Fachhandel.

Liköre: Liköre zeichnet ein hoher Zuckergehalt aus, der sie zur idealen Zutat von Punschen macht. Sie werden aus hochprozentigen Branntweinen, Früchten und Zucker hergestellt. Beliebt sind unter anderem der italienische Mandellikör (Amaretto), der sein bitter-süßes Aroma Mandel- und Aprikosenkernen verdankt, oder Orangenlikör, der durch Mazeration (Einlegen) der Schalen von bitteren und süßen Orangen entsteht.

Schwarztee: In Indien ist Chai, das harmonische Miteinander von Tee und Gewürzen, seit jeher beliebt. Auch hierzulande weiß man den Gewürztee nicht nur in der Weihnachtszeit zu schätzen. Darüber hinaus eignet sich der Klassiker unter den Heißgetränken im Verbund mit Milch oder Wein auch für viele andere Punsche. In den meisten Fällen wird dabei Schwarztee in den Teebeutel kommen.

Zu dessen Herstellung werden die grünen Blätter der Tee-pflanze zerkleinert und so ätherische Öle freigesetzt. Die anschließende Fermentation mit feuchtwarmer Luft verleiht dem Schwarztee seinen typischen, im Vergleich zu unfer-mentiertem grünen Tee weniger bitteren Geschmack.

Wein: Lange Zeit galt ausschließlich Rotwein als geeignete Basis eines Glühweins, inzwischen werden aber auch wei-ße Glühweine immer beliebter. Die verwendeten Weine soll-ten trocken oder halbtrocken und noch relativ jung und da-mit arm an Gerbstoffen sein. Für rote Glühweine empfehlen sich Sorten wie Lemberger, Dornfelder, Regent, Merlot oder Spätburgunder, weiße Glühweine werden am besten aus spritzigen, frischen Weißweinen wie Riesling, Silvaner oder auch Chardonnay zubereitet. Wichtig ist, dass der Glüh-wein nicht über 75 Grad erhitzt wird, da sonst der Alkohol verfliegt und das Getränk an Geschmack verliert.

Rum: Die beliebte Zutat für winterliche Heißgetränke wird erst seit rund 350 Jahren im großen Stil hergestellt. Das Destillat aus Melasse, einem Nebenprodukt der Zucker-herstellung, gibt es in den unterschiedlichsten Qualitäts-stufen. Vereinfacht gesagt: Je länger er in Holzfässern ge-reift ist, desto runder ist er im Geschmack. Dabei nimmt er die typische braune Farbe an. Über die Reifedauer gibt die Etikettierung Aufschluss: Das Kürzel „AOC" garantiert eine mindestens einjährige Lagerung des Destillats in Eichenfässern, „VO"-Rums reifen vor der Abfüllung drei Jahre und „VOSP"-Rums vier Jahre. Und noch ein Tipp für die gelungene Feuerzangenbowle: Damit der getränkte Zucker auch wirklich stimmungsvoll verbrennt, muss der Rum einen Alkoholgehalt von mindestens 54 Volumen-prozent haben!

Nüsse, Früchte & Co.

Die Tradition, die Geburt Jesu mit Gebäck zu feiern, hat wohl ihren Ursprung in mittelalterlichen Klöstern. Dem Anlass gebührend wurden schon damals die erlesensten Zutaten verwendet. Und der kalten Jahreszeit angemessen durften sie auch nährstoffreich sein. Nüsse spielen daher seit jeher eine Hauptrolle in den weihnachtlichen Leckerei-en, zumal diese am Jahresende kurz nach der Nussernte ausreichend und in frischer Qualität verfügbar waren. Auch für die Verzierung von Lebkuchenhäusern sind sie unver-zichtbar. Für die wohlige Süße im Weihnachtsgebäck sor-gen Zucker, Honig und allerlei Früchte.

Haselnüsse: Gemahlen im Teig verarbeitet sorgen Hasel-nüsse für besonders saftiges und aromatisches Gebäck. Zwar gibt es gemahlene Haselnüsse bereits küchenfertig zu kaufen, besser schmecken sie allerdings, wenn sie frisch in einer Nussmühle oder in der Küchenmaschine gemahlen werden.

Honig: Das ursprüngliche Süßmittel der Weihnachtsbäckerei ist Honig. Dieser wurde im Mittelalter aus einem einfachen Grund weit häufiger als Zucker verwendet – er war wesentlich günstiger. Honig kann grundsätzlich in zwei Arten unterteilt werden: Blütenhonig, den Honigbienen aus gesammeltem Blütennektar herstellen, und Blatt- bzw. Waldhonig, für den die fleißigen Insekten den sogenannten Honigtau, den Saft pflanzensaugender Läuse, in die Waben transportieren. Darüber hinaus gibt es jedoch unterschiedlichste Sorten mit vielfältigen Geschmacksrichtungen. Beim Backen kann aber auch getrost Mischblüten- oder der minderwertigere Backhonig verwendet werden.

Kakao & Schokolade: Heute ergänzt die feinherbe, verführerische Note des Kakaos längst auch die weihnachtliche Zutatenliste. Dabei ist er in Europa erst seit der Entdeckung der Neuen Welt im frühen 16. Jahrhundert bekannt, schon wesentlich früher verehrten ihn die Azteken als Geschenk ihres Gottes Quetzalcoatl. Durch Fermentieren, Mahlen und Pressen wird aus den Samen des Kakaobaumes Kakaomasse, -pulver und -butter gewonnen, die zusammen mit Milchpulver und Zucker die Grundzutaten von Schokolade sind. Bei Bitterschokolade wird zugunsten der bitter schmeckenden Kakaomasse auf Milchpulver größtenteils oder ganz verzichtet.

Mandeln & Marzipan: Süße Mandeln sind aus der Weihnachtsbäckerei nicht wegzudenken. Sie werden im Ganzen, als Mandelsplitter, Blättchen oder gemahlen verwendet. Besonders aromatisch sind sie, wenn sie vor dem Backen gehäutet und im Backofen sechs bis zwölf Minuten bei 175 Grad Celsius leicht geröstet werden. Süße Mandeln sind zusammen mit Zucker ferner die Grundzutaten für Marzipanrohmasse, die beispielsweise Christstollen veredelt oder mit Lebensmittelfarbe gefärbt zum

Verzieren von weihnachtlichem Gebäck verwendet werden kann. Seltener und eher als künstlich hergestelltes Öl oder Aroma werden Bittermandeln verwendet. Achtung: Bittermandeln sind giftig, bereits der Verzehr von fünf bis zehn Nüssen kann gefährlich sein!

Orangeat & Zitronat: Die kandierten Schalen der Bitterorangen bzw. einer bestimmten Zitronenart sind nicht jedermanns Sache. Unverzichtbar sind sie aber etwa beim klassischen italienischen Weihnachtskuchen, dem Panettone, oder auch für viele Fruchtebrotrezepte.

Trockenobst: Dass in Weihnachtsgebäck sehr oft getrocknete Früchte zum Einsatz kommen, hat auch einen sehr naheliegenden Grund: Früher waren im Winter die wenigsten Früchte frisch verfügbar. Trocken- oder Dörrobst hat einen Restwassergehalt von 18 bis 25 Prozent. Durch den Trockenprozess, der durch Sonne und Luft oder auch maschinell erfolgt, wird Bakterien der Nährboden entzogen und der intensive süße Geschmack erzeugt. Das bekannteste Trockenobst sind Rosinen, die vor allem in zwei Sorten erhältlich sind: als kleine schwarze Korinthen

(aus der griechischen Korinthiaki-Rebsorte) und als helle Sultaninen (aus der Sultana-Traube). Ebenfalls beliebt sind Aprikosen, Datteln, Feigen und die amerikanischen Cranberrys. Häufig wird Trockenobst geschwefelt; dies soll dem Wachstum von Pilzen vorbeugen und ein Nachdunkeln der Früchte verhindern. Einen intensiveren Geschmack erhält man jedoch bei der Verwendung von unbehandeltem Trockenobst.

Walnüsse: Nicht zufällig zieren Nussknacker viele weihnachtliche Arrangements. Walnüsse sind fester Bestandteil der Adventszeit und oft verwendete Zutat in weihnachtlichem Gebäck. Ein schmackhaftes Duo gehen die leicht bitter schmeckenden Nüsse mit der milden Süße von Honig ein. Wer den Aufwand nicht scheut, sollte Walnüsse frisch knacken, da die Schale der beste Aromaschutz überhaupt ist.

Zucker: Die am häufigsten verwendete Zuckerart, der weiße Zucker, dient als neutrales Süßungsmittel ohne Eigenaroma. Etwas weniger süß ist der ausschließlich aus dem Zuckerrohr gewonnene Rohrzucker, der zudem einen leicht malzigen Geschmack besitzt. Ähnlich schmeckt auch brauner Zucker, der genau genommen ein Zwischenprodukt bei der Herstellung von weißem Zucker ist. Seine leicht klebrige Beschaffenheit verdankt er dem Sirup, der den Kristallen noch anhaftet.

Weihnachtliche Heißgetränke

Heißer Weißwein

1 Anissterne, Zimtstangen und Kardamomkapseln in einen Topf geben. Das Ganze erhitzen und unter ständigem Rühren etwas anrösten.

2 Die gerösteten Gewürze im Topf mit dem braunen Zucker bestreuen. Unter Rühren kurz karamellisieren lassen.

3 Die karamellisierten Gewürze mit dem Apfelsaft und dem Weißwein ablöschen. Das Ganze bis kurz vor dem Kochen erhitzen. Deckel auflegen, vom Herd ziehen und 15 Minuten ziehen lassen.

4 Vor dem Servieren den heißen Weißwein durch ein Sieb gießen. Auf hitzebeständige Gläser verteilen und dann rasch heiß servieren.

Tipp

Besonders hübsch und stimmungsvoll sieht dieser heiße Wein in den Gläsern auf, wenn man ihn mit (neuen) Zimtstangen, Sternanisen und Kardamomkapseln dekoriert. Aber dabei nicht zu viele Gewürze verwenden, da das Aroma sonst zu intensiv werden kann. Zusätzlich gesüßt werden muss das Getränk nicht, da es durch das Karamellisieren ausreichend Süße erhalten hat.

Für 4 Drinks:
4 Anissterne
4 Zimtstangen
8 Kardamomkapseln
4 EL brauner Zucker
300 ml klarer Apfelsaft
700 ml trockener Weißwein

Zubereitungszeit:
5 Min.
Ziehzeit:
15 Min.

Nährwerte pro Drink:
211 kcal, 883 kJ,
18 g Alk, 0 g F, 20 g KH

Weihnachtliche
Heißgetränke

Winterpunsch

1 4 feuerfeste Gläser, z. B. Groggläser, vorwärmen. In jedes Glas 1 Stück Kandiszucker legen. Je 2 cl Orangenlikör sowie den heißen, frisch gebrühten Ostfriesentee über den Kandiszucker gießen.

2 In jedes feuerfeste Glas 1 Orangenscheibe geben. Dann auf jedes Glas einen Teelöffel mit jeweils 1 Stück Würfelzucker legen.

3 Den Würfelzucker mit dem braunen Rum tränken und sofort anzünden. Wenn der Zucker abgebrannt ist, den Winterpunsch mit dem Löffel umrühren und dann sofort servieren.

Tipp

Auch gut und wärmend ist in der Winterzeit ein Eier-Grog. Hierfür 2 Eier und 2 Eigelb mit 4 EL Puderzucker cremig aufschlagen. 250 ml Wasser erhitzen, 250 ml Rum zugeben und das Ganze unter die Eimasse schlagen. Auf 4 hitzebeständige Gläser verteilen und heiß servieren.

Für 4 Drinks:
4 große Stücke brauner
  Kandiszucker
8 cl Orangenlikör
500 ml Ostfriesentee
4 Orangenscheiben
  (unbehandelt)
4 Würfelzucker
4 cl brauner Rum
  (45 Vol.-%)

Zubereitungszeit:
5 Min.

Nährwerte pro Drink:
92 kcal, 385 kJ,
6 g Alk, 0 g F, 11 g KH

Heißer Mandel-Grog

1 Mandelmilch mit gewürztem Rum, Brandy, Mandelextrakt, Zimtpulver und frisch geriebener Muskatnuss in eine mittelgroße Pfanne geben. Das Ganze bei niedriger Hitze mit einem Schneebesen glatt verrühren. Dann so lange weiterrühren, bis die Mischung sehr warm ist, aber nicht kocht.

2 Den Grog noch warm in große Tassen bis ca. 2,5 cm unter dem Rand füllen. Die Sahne mit den Quirlen des Handrührgerätes steif schlagen.

3 Die steif geschlagene Sahne dekorativ auf den Grog setzen und mit Mandelblättchen und etwas frisch geriebener Muskatnuss garnieren. Mandel-Grog heiß servieren.

Tipp

Mandelmilch können Sie im Reformhaus und in gut sortierten Supermärkten kaufen. Mandelmilch selbst gemacht: 1 Tasse geschälte, frisch geröstete und noch warme Mandeln, 3 Tassen Wasser und 1 TL Honig in einen Mixer geben. 1 Minute auf niedriger Stufe, dann 3 Minuten auf maximaler Stufe mixen, bis die Milch glatt ist. Durch ein Sieb gießen, um verbliebene Mandelstückchen zu entfernen und – falls gewünscht – mit Vanilleextrakt abschmecken. Kalt stellen.

Für 4 Drinks:
1 l Mandelmilch mit
   Vanillearoma
12 cl gewürzter Rum
6 cl Brandy
½ TL Mandelextrakt
1 TL Zimtpulver

½ TL Muskatnuss,
frisch gerieben
fettarme Sahne, Mandelblättchen und
Muskatnuss zum
Garnieren

Zubereitungszeit:
10 Min.

Nährwerte pro Drink:
197 kcal, 824 kJ,
14 g Alk, 3 g F,
17 g KH

18

Ingwerpunsch

1 Ingwerwurzel schälen und in feine Würfel schneiden. Mit 250 ml Wasser, Zucker sowie Gewürznelken in einen Topf geben und das Ganze erhitzen. Dann in ca. 10 Minuten zu Sirup einkochen lassen. Dabei immer wieder umrühren.

2 Die Zitrone auspressen. Den Saft zusammen mit Rotwein, schwarzem Tee und braunem Rum in einen weiteren Topf geben und vermengen. Dann das Ganze erhitzen, aber nicht kochen lassen.

3 Den Sirup durch ein Sieb zur heißen Rotwein-Tee-Mischung gießen und einrühren. Dann den Ingwerpunsch heiß servieren.

Tipp

Ingwer regt die Verdauung an und enthält unter anderem Vitamin C, Magnesium, Eisen sowie Kalzium.

Für 10 Drinks:
20 g Ingwerwurzel
125 g Zucker
2 Gewürznelken
1 Zitrone
750 ml Rotwein
500 ml starker schwarzer Tee
200 ml brauner Rum
(40 Vol.-%)

Zubereitungszeit:
15 Min.

Nährwerte pro Drink:
164 kcal, 686 kJ,
13 g Alk, 0 g F,
17 g KH

Gewürztee

1 Alle Gewürze mit 750 ml Wasser in einen Topf geben und zum Kochen bringen. Das Ganze 15 Minuten bei schwacher Hitze köcheln lassen.

2 Den Schwarztee in eine vorgewärmte Kanne geben. Mit dem heißen Gewürzwasser aufgießen und 4 Minuten ziehen lassen.

3 Nach der Ziehzeit den Gewürztee durch ein Sieb in einen Topf gießen. Mit Honig süßen.

4 Tee in 4 Gläser füllen. Etwas warme Milch halb aufschlagen. Mit dieser dann den Gewürztee auffüllen und mit Cayennepfeffer bestäubt servieren.

Tipp

Verwenden Sie möglichst frische Gewürze, da so der Tee besonders intensiv und aromatisch wird. Denn mit der Zeit verlieren Gewürze durch die Lagerung Aroma.

Für 4 Drinks:
2 TL getrockneter Ingwer
4 Pimentkörner
4 Nelken
1 TL Anissamen
1 Stück Macisblüte
1 Zimtstange
1 Spritzer Tabasco
4 TL Schwarztee
2 EL Honig
etwas warme Milch
Cayennepfeffer zum Bestäuben

Zubereitungszeit:
20 Min.

Nährwerte pro Drink:
38 kcal, 159 kJ,
0 g Alk, 0 g F, 9 g KH

Feuerzangenbowle

1 Die Zitrone heiß waschen und trocken reiben. Zitronenschale in großen Zesten ablösen; dabei darauf achten, dass die weiße Haut nicht mit abgelöst wird. Dann die Zitrone halbieren und den Saft auspressen.

2 Den Rotwein in einen Feuerzangenbowlen-Topf geben. Die Hälfte des Rums zugeben und erhitzen. Dann Zimtstange, abgelöste Zitronenschale, den ausgepressten Saft und die Gewürznelken zufügen. Alles heiß werden lassen.

3 Den Zuckerhut auf eine Feuerzange geben und das Ganze auf den Topf setzen. Den Zuckerhut mit dem übrigen Rum tränken und anzünden. Rum nachgießen, bis der Zucker vollständig geschmolzen und in den heißen Wein getropft ist. Die heiße Bowle in Gläser füllen und dann sofort servieren.

Tipp

Der für die Feuerzangenbowle verwendete Rum sollte mindestens 54 Vol.-% besitzen. Nach Geschmack kann neben der Zitrone auf die gleiche Weise auch noch eine Orange verwendet werden; auch diese sollte unbedingt unbehandelt sein.
Die Feuerzangenbowle gilt als eine der klassischen Punschkreationen schlechthin: Mit dem Film „Die Feuerzangenbowle", in dem die Schauspielerlegende Heinz Rühmann die Hauptrolle spielte, wurde sie Kult.

Für 8 Drinks:
1 Zitrone (unbehandelt)
1 ½ l trockener Rotwein
250 ml Rum
1 Zimtstange
4 Gewürznelken
1 Zuckerhut

Zubereitungszeit:
15 Min.

Nährwerte pro Drink:
352 kcal, 1473 kJ,
27 g Alk, 0 g F, 39 g KH

Weihnachtliche Gewürzmilch

1 200 ml Wasser aufkochen. Orange waschen, trocken reiben und Schale abreiben. Ingwer schälen und in Scheiben schneiden. Orangenschale sowie Ingwer mit Zimt und Zucker in das heiße Wasser geben und 5 Minuten ziehen lassen.

2 Tee hinzufügen und weitere 3–4 Minuten ziehen lassen. Gewürztee durch ein Sieb gießen, Tee auffangen und mit der Milch in einen Topf geben. Das Ganze noch einmal aufkochen.

3 Sahne mit Puderzucker und Lebkuchengewürz halbsteif schlagen. Gewürzmilch auf 4 hitzebeständige Gläser verteilen und mit jeweils 1 Klecks Sahne garnieren. Dann sofort noch heiß servieren.

Tipp

Sehr weihnachtlich ist auch Lumumba. Dafür in 4 dickwandige, hitzebeständige Ballongläser je 4 cl Brandy geben. 1 l Kakao erhitzen und die Gläser damit auffüllen. 80 g Sahne steif schlagen und auf den Kakao setzen. Mit Kakaopulver bestäuben und dann sofort heiß servieren.

Für 4 Drinks:
½ Orange (unbehandelt)
2 cm Ingwerwurzel
½ Zimtstange
50 g brauner Zucker
1 TL schwarzer Tee

400 ml Milch
200 g Schlagsahne
1 EL Puderzucker
1 TL Lebkuchengewürz

Zubereitungszeit:
15 Min.

Nährwerte pro Drink:
278 kcal, 1163 kJ,
5 g EW, 19 g F,
23 g KH

Glühwein

1 Zitrone und Orangen heiß waschen und trocken reiben. Zitrone und 1 Orange in Scheiben schneiden, die übrige Orangenhälfte in 6 dicke Spalten.

2 Rotwein mit Zucker, Zimtstangen, 4 Gewürznelken, Zitronen- sowie Orangenscheiben in einen großen Topf geben. Unter Rühren erhitzen und so lange sieden lassen, bis sich der Zucker aufgelöst hat.

3 Den Topf vom Herd ziehen und zugedeckt 5 Minuten ziehen lassen. Dann den Sud durch ein feines Sieb gießen, um die Gewürze und Fruchtscheiben zu entfernen.

4 Brandy oder Portwein zum heißen Wein geben. Auf hitzebeständige Gläser verteilen. Die Orangenspalten mit je 1 oder 2 Gewürznelken spicken, auf die Gläser verteilen und Glühwein sofort heiß servieren.

Tipp

Je nach Rezept variieren natürlich die Zutaten. Manche verzichten ganz auf Orange, andere geben zusätzlich noch Sternanis dazu und wieder andere verzichten auf Brandy oder Portwein. Erlaubt ist hier wie immer alles, was schmeckt.

Für 6 Drinks:
1 Zitrone (unbehandelt)
1 ½ Orangen (unbe-
  handelt)
750 ml trockener Rot-
  wein
75 g brauner Zucker
2 Zimtstangen
Gewürznelken
150 ml Brandy oder
  Portwein

Zubereitungszeit:
15 Min.

Nährwerte pro Drink:
170 kcal, 711 kJ,
14 g Alk, 0 g F,
18 g KH

Wiener Schokolade

1 Die Schokolade hacken. Milch mit Salz in einen Topf geben und langsam erhitzen; die Milch sollte aber nicht kochen.

2 Wenn die Milch heiß ist, die gehackte Schokolade hineingeben und unter ständigem Rühren schmelzen. Zum Schluss nach Belieben mit ein wenig Zucker abschmecken.

3 Die Schlagsahne mit den Quirlen des Handrührgerätes steif schlagen. Die Schokoladenmilch in 4 große Tassen geben. Jeweils etwas geschlagene Sahne dekorativ obenauf setzen und mit Schokostreuseln bestreuen. Dann die Wiener Schokolade sofort heiß servieren.

Tipp

Dieses weihnachtliche Getränk lässt sich ganz nach Belieben abschmecken. Wer es noch aromatischer mag, gibt zum Schluss noch etwas gemahlene Vanille hinein, wer einen Hauch pikante Exotik mag, würzt die Schokolade mit ein wenig gemahlener Chilischote. Oder man gibt ganz klassisch ein wenig Zimtpulver hinein oder dekoriert jede Tasse noch mit je 1 Zimtstange. Und wer mag, gibt einen Schuss Brandy in die Milch, während die Schokolade schmilzt.

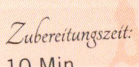

Für 4 Drinks:
280 g Schokolade
  (70 % Kakaoanteil)
1 l Milch
1 Prise Salz
Zucker nach Belieben
40 g Schlagsahne
Schokostreusel

Zubereitungszeit:
10 Min.

Nährwerte pro Drink:
543 kcal, 2272 kJ,
0 g Alk, 35 g F,
43 g KH

Roter Würzpunsch (Abb. S. 11)

1 Eistee mit Kirschnektar, Rotwein und Lebkuchenge-würz in einen Topf geben und langsam unter ständigem Rühren erhitzen. Dabei das Ganze aber nicht kochen lassen.

2 Den Punsch nach Belieben mit etwas Honig und Zitronensaft abschmecken. Das Ganze zudecken und 5 Minuten ziehen lassen. Inzwischen Karambole waschen und in Scheiben schneiden.

3 Den roten Würzpunsch in 4 feuerfeste Gläser füllen und mit den Karambolescheiben garnieren. Dann sofort heiß servieren.

Tipp

Gern wird in der kalten Zeit auch Jagertee getrunken. Dafür 4 Beutel scharzen Tee in einen Topf hängen und mit 1 l kochendem Wasser auffüllen. Tee 3 Minuten ziehen lassen, dann die Beutel entfernen. 250 ml kräftigen Rotwein mit 5 cl Obstbranntwein mischen und zum Tee geben. Das Ganze nochmals erhitzen und dann auf 4 hitzebeständige Gläser verteilen. Jagertee kurz umrühren und mit Kandiszucker servieren.

Für 4 Drinks:
400 ml Eistee Apfel
  (z. B. von Lipton)
200 ml Kirschnektar
200 ml Rotwein
1 TL Lebkuchengewürz

Honig
Zitronensaft, frisch gepresst
1 Karambole zum Garnieren

Zubereitungszeit:
10 Min.

Nährwerte pro Drink:
127 kcal, 531 kJ,
4 g Alk, 1 g F, 21 g KH

Weihnachtliches Kleingebäck

Gefüllte Honigkuchen-Schnitten

1 Für den Teig Honig, Butter und Zucker in einen kleinen Topf geben und bei milder Hitze unter Rühren erwärmen. Sobald die Masse dickflüssig ist, in eine Schüssel geben und mit Ei, 1 Prise Salz, Rum, Zimt, Nelken und der Zitronenschale verrühren. Mehl mit Backpulver mischen und mit der Honigmasse zu einem glatten Teig verkneten. Abgedeckt für mindestens 1 Stunde kalt stellen.

2 Den Backofen auf 180 Grad Ober- und Unterhitze (160 Grad Umluft) vorheizen. Ein Backblech mit Backpapier auslegen. Den Teig dünn ausrollen und halbieren.

3 Für die Füllung die Schokolade fein reiben. Den Honig unter Rühren erwärmen, bis er flüssig ist. Etwas ab- kühlen lassen und dann Schokolade, Haselnüsse, Rum und Rosinen daruntermischen.

4 Eine Teigplatte auf das Backblech legen und die noch warme Honigmasse gleichmäßig darauf verstreichen. Die zweite Teigplatte vorsichtig daraufflegen und ganz leicht andrücken. Blech in den heißen Ofen schieben und Honigkuchen-Schnitten auf der mittleren Schiene 30–40 Minuten backen.

5 Für die Glasur den Puderzucker mit Eiweiß und Zitronensaft glatt verrühren. Den noch warmen Honigkuchen in ca. 30 Rechtecke schneiden und mit der Glasur bestreichen. Diese dann fest werden lassen.

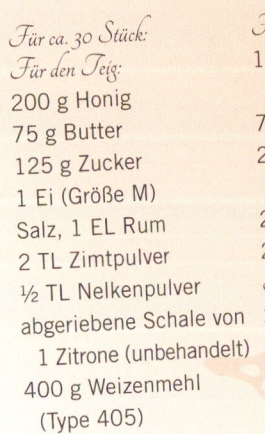

Für ca. 30 Stück:
Für den Teig:
200 g Honig
75 g Butter
125 g Zucker
1 Ei (Größe M)
Salz, 1 EL Rum
2 TL Zimtpulver
½ TL Nelkenpulver
abgeriebene Schale von
  1 Zitrone (unbehandelt)
400 g Weizenmehl
  (Type 405)
1 geh. TL Backpulver

Für die Füllung:
100 g Zartbitterscho-
  kolade
700 g Honig
250 g gemahlene
  Haselnüsse
2 EL Rum
200 g Rosinen
Für die Glasur:
200 g Puderzucker
1 Eiweiß
Saft von ½ Zitrone

Zubereitungszeit:
75 Min.
Kühlzeit:
1 Std.
Backzeit:
40 Min.

Nährwerte pro Stück:
297 kcal, 1243 kJ,
3 g EW, 9 g F, 50 g KH

Karlsbader Zitronenringe

1 Butter mit Zucker in eine Rührschüssel geben und das Ganze schaumig rühren. Zitrone heiß waschen, trocken reiben und die Schale dünn abreiben. 1 TL Saft auspressen und beides mit Mandeln und Mehl zur Buttermischung geben. Alles gut verkneten. Den Teig abgedeckt 1 Stunde kühl stellen.

2 Den Backofen auf 200 Grad Ober- und Unterhitze (180 Grad Umluft) vorheizen. Ein Backblech mit Backpapier auslegen. Den Teig auf einer bemehlten Arbeitsfläche dünn ausrollen und daraus die gleiche Anzahl runder Plätzchen wie Ringe ausstechen.

3 Die Plätzchen auf das Blech legen und in den Ofen auf die mittlere Schiene schieben. 8–10 Minuten backen und anschließend abkühlen lassen.

4 Für die Glasur Puderzucker und Zitronensaft glatt verrühren und die Ringe damit bestreichen. Die runden ganzen Plätzchen mit Johannisbeergelee bestreichen. Die Ringe daraufsetzen und leicht andrücken.

Tipp

Achten Sie unbedingt darauf, dass die Ausstechförmchen für Ringe und Kreise denselben Durchmesser haben. Natürlich können diese leckeren Plätzchen auch mit einer anderen Konfitüre oder einem anderen Gelee gefüllt werden.

Für ca. 35 Stück:
Für den Teig:
150 g Butter
100 g Zucker
1 Zitrone (unbehandelt)
100 g gemahlene geschälte Mandeln
150 g Weizenmehl
   (Type 405)
Mehl für die Arbeitsfläche

Für die Glasur:
100 g Puderzucker
2 EL Zitronensaft, frisch gepresst
Außerdem:
100 g Johannisbeergelee

Zubereitungszeit:
1 Std.
Kühlzeit:
1 Std.
Backzeit:
10 Min.

Nährwerte pro Stück:
94 kcal, 393 kJ,
1 g EW, 5 g F, 11 g KH

Weihnachtliches
Kleingebäck

Schwarz-Weiß-Gebäck

1 Butter mit Puderzucker schaumig rühren. 1 Ei und 1 Msp. Salz einrühren, dann gesiebtes Mehl und Zitronenschale unterheben. Teig dritteln und unter einen Teil Kakao kneten. Teige abgedeckt 1 Stunde kühlen.

2 1 helles und das dunkle Teigstück ca. 8 mm dick auf einer bemehlten Fläche zu 2 gleich großen Rechtecken ausrollen. Kurz in den Gefrierschrank legen und fest werden lassen, aber nicht gefrieren. Das zweite Ei trennen und Eigelb mit etwas Wasser verrühren. Gekühlte Teigplatten in 8 mm breite Streifen schneiden, mit Eigelb einstreichen und schachbrettartig zu einer Stange zusammensetzen.

3 Zunächst 2 dunkle und 1 hellen Streifen mit etwas Ei bestreichen und aneinanderlegen; dabei wechseln sich dunkler und heller Teig ab. Darüber 1 dunklen und 2 helle Streifen legen, diese aber versetzt zur ersten Schicht. Dann die dritte Reihe wieder versetzt aufkleben. Übrigen hellen Teig zu einem 2 mm dicken Rechteck ausrollen, mit Eigelb bestreichen, Schachbrettstange darauflegen und mit der Teigplatte umhüllen. 30 Minuten kühl stellen.

4 Ofen auf 175 Grad Ober- und Unterhitze (160 Grad Umluft) vorheizen. Teig in Scheiben schneiden, darauflegen und 10–15 Minuten backen.

Tipp

Auch gut und beliebt: Heidesand. Dafür 125 g Butter in einer Pfanne zerlassen und dabei leicht bräunen. Dann abkühlen lassen. 200 g Mehl mit 1 TL Backpulver, 125 g Zucker und 1 EL Vanillezucker mischen. Butter zugießen und alles verkneten. Zu Rollen mit ca. 5 cm Durchmesser formen, in Folie wickeln und ca. 1 Stunde kalt stellen. Danach die Rollen mit Eigelb bestreichen, in Vanillezucker wenden und in Scheiben schneiden. Auf ein mit Backpapier belegtes Blech setzen und im auf 200 Grad Ober- und Unterhitze (180 Grad Umluft) vorgeheizten Ofen ca. 10 Minuten hellgelb backen.

Für ca. 40 Stück:
150 g Butter
150 g Puderzucker
2 Eier (Größe M)
Salz, 300 g Weizenmehl (Type 405)
abgeriebene Schale von 1 Zitrone (unbehandelt)
30 g Kakaopulver

Mehl für die Arbeitsfläche

Zubereitungszeit:
40 Min.
Kühlzeit:
90 Min.
Backzeit:
10 Min.

Nährwerte pro Stück:
76 kcal, 318 kJ,
1 g EW, 4 g F, 9 g KH

Zimtmakronen

1 Den Backofen auf 150 Grad Ober- und Unterhitze (130 Grad Umluft) vorheizen. Ein Backblech mit Backpapier auslegen. Zitrone heiß waschen, trocken reiben und die Schale fein abreiben.

2 Das Eiweiß in eine hohe Rührschüssel geben und mit den Quirlen des Handrührgerätes steif schlagen, dabei den Zucker langsam einrieseln lassen. Die gemahlenen Haselnüsse mit abgeriebener Zitronenschale und Zimtpulver mischen. Dann die Haselnussmischung mit einem Löffel oder einem Teigschaber vorsichtig unter den Eischnee ziehen.

3 Mit 2 Teelöffeln kleine runde Teighäufchen auf das Backblech setzen. Dann das Ganze in den heißen Backofen schieben und die Zimtmakronen auf der mittleren Schiene ca. 20 Minuten backen. Anschließend auskühlen lassen.

Tipp

Auch verführerisch lecker: Schokoladenmakronen. Dafür 250 g gemahlene Walnüsse kurz rösten. 100 g Zartbitterschokolade raspeln. 100 g Marzipanrohmasse klein schneiden und mit 1 Eiweiß zu einer homogenen Masse vermengen. 2 Eiweiß schlagen und 80 g feinen Zucker einrieseln lassen. Ein Drittel vom Eischnee mit 1 TL abgeriebener Orangenschale und 2 TL gesiebtem Kakao unter die Marzipanmasse mengen. Übrigen Eischnee, Nüsse und Schokolade vorsichtig unterheben. Ca. 35 Oblaten auf ein mit Backpapier belegtes Blech geben und Teig daraufsetzen. Im auf 180 Grad Ober- und Unterhitze vorgeheizten Ofen ca. 20 Minuten backen.

Für ca. 60 Stück:
½ Zitrone (unbehandelt)
3 sehr frische Eiweiß
200 g Zucker
200 g gemahlene
  Haselnüsse
½ TL Zimtpulver

Zubereitungszeit:
40 Min.
Backzeit:
20 Min.

Nährwerte pro Stück:
36 kcal, 151 kJ,
1 g EW, 2 g F, 4 g KH

Marillenherzen

1 Für den Teig Walnüsse fein mahlen und dann mit Mehl, Zucker, Vanillezucker und Anis in einer Rührschüssel vermischen. Eine Mulde hineindrücken. Eigelb, 3 EL kaltes Wasser und Butter in Stückchen hineingeben. Alles mit einem Messer durchhacken, sodass trockene Krümel entstehen. Dann alles schnell mit der Hand zu einem glatten Teig verkneten. In Folie wickeln und ca. 1 Stunde in den Kühlschrank legen.

2 Backofen auf 180 Grad Ober- und Unterhitze (160 Grad Umluft) vorheizen. Teig auf bemehlter Fläche kurz durchkneten und 2–3 mm dick ausrollen und Herzen ausstechen. Aus der Hälfte der Herzen ein kleineres Herz ausstechen. Alle ausgestochenen Teile auf mit Backpapier ausgelegte Backbleche legen. In den heißen Ofen schieben und ca. 8–10 Minuten backen. Anschließend auskühlen lassen.

3 Hagebuttenkonfitüre mit Marillengeist verrühren. Nach dem Auskühlen die ganzen Herzen damit bestreichen und auf jedes Herz ein ausgestochenes Herz als Rahmen setzen.

4 Die Walnüsse hacken. Den Puderzucker sieben und mit 3–4 TL Wasser zu einem Guss verrühren. Den Plätzchenrand damit einstreichen und mit den gehackten Walnüssen bestreuen.

Tipp

Natürlich lassen sich die Herzen auch mit anderen Konfitüren füllen. Dann sollte immer ein passender Geist bzw. Branntwein zum Aromatisieren verwendet werden; der wird einfach weggelassen, wenn Kinder mitessen.

Für ca. 30 Stück:
Für den Mürbeteig:
50 g Walnüsse
250 g Weizenmehl (Type 405)
80 g Zucker
1 EL Vanillezucker
½ TL gemahlener Anis
1 Eigelb (Größe M)
150 g Butter

Mehl für die Arbeitsfläche
Außerdem:
150 g Hagebuttenkonfitüre
1 EL Marillengeist
40 g Walnüsse
150 g Puderzucker

Zubereitungszeit:
1 Std.
Kühlzeit:
1 Std.
Backzeit:
10 Min.

Nährwerte pro Stück:
135 kcal, 565 kJ,
2 g EW, 6 g F, 18 g KH

Weihnachtliche Cupcakes

1 Ofen auf 200 Grad Ober- und Unterhitze (180 Grad Umluft) vorheizen. 12 Papierförmchen in ein Muffinblech stellen. Mehl mit Schokolade, Kakao, Lebkuchengewürz und Backpulver mischen. Eier, Zucker und Öl verquirlen.

2 Mehl-Kakao-Mischung rasch unter die Eimasse rühren, dabei den Rum zugeben. Bei Bedarf noch so viel Milch angießen, dass der Teig leicht vom Löffel reißt.

3 Teig in die Papierförmchen füllen und das Ganze im Ofen auf der mittleren Schiene ca. 30 Minuten backen. Dann herausnehmen, Törtchen aus der Form nehmen und auf einem Kuchengitter abkühlen lassen.

4 Für das Topping die weiße Schokolade hacken. Sahne leicht aufkochen und kurz etwas abkühlen lassen. Dann über die Schokolade gießen und mit einem Spatel umrühren, bis die Schokolade geschmolzen ist. Butter zur Sahne geben und die Masse mit dem Mixer durchrühren, bis sie glänzt. Im Kühlschrank zugedeckt halbfest werden lassen.

5 In der Zwischenzeit das Marzipan mit Puderzucker und Lebensmittelfarbe verkneten, sodass es eine schöne rote Farbe hat. Das Ganze auf wenig Puderzucker ca. 5 mm dick ausrollen und 12 kleine Sternchen ausstechen. Restliches Marzipan zu einem dünnen Strang ausrollen und diesen in gleichmäßige Stückchen schneiden. Daraus kleine Kugeln rollen.

6 Die halbfeste Schokoladenmasse in einen Spritzbeutel mit Sterntülle füllen und die Creme kreisförmig auf die Cupcakes spritzen. Mit den Marzipankügelchen und den grünen Streuseln bestreuen. Obenauf je 1 Marzipanstern stecken.

Für 12 Stück:
Für den Teig:
200 g Weizenmehl (Type 405)
80 g Schokolade (50 % Kakaoanteil), fein gerieben
2 EL Kakaopulver
1 TL Lebkuchengewürz
1 Päckchen Backpulver
2 Eier (Größe M)
50 g Zucker
50 ml neutrales Öl

1 EL Rum
50 ml Milch nach Bedarf
Für das Topping:
200 g weiße Schokolade
75 g Schlagsahne
50 g Butter
100 g Marzipanrohmasse
1–2 EL Puderzucker
rote Lebensmittelfarbe

grüne Zuckerstreusel oder grüner Dekorzucker

Zubereitungszeit:
35 Min.
Backzeit:
30 Min.

Nährwerte pro Stück:
366 kcal, 1531 kJ,
6 g EW, 21 g F, 37 g KH

Weihnachtliche Cappuccinowürfel

1 Den Backofen auf 180 Grad Ober- und Unterhitze (160 Grad Umluft) vorheizen. 250 g weiche Butter mit 200 g Zucker in eine Rührschüssel geben und verrühren. Eier nach und nach unterrühren, bis eine helle, cremige Masse entsteht.

2 Mehl, Speisestärke und Backpulver mischen. Mehlmischung mit Espresso und 50 ml Haferdrink unter den Teig rühren. Getrocknete Pflaumen und Feigen fein würfeln. Mit Schokoladenmüsli und gehackten Walnüssen unter den Teig heben.

3 Ein Backblech mit Backpapier belegen. Teig darauf verteilen und glatt streichen. Den Kuchen auf der mittleren Schiene im heißen Ofen ca. 35 Minuten backen. Herausnehmen und gut abkühlen lassen.

4 In der Zwischenzeit 100 ml Haferdrink mit Puddingpulver glatt rühren. Übrigen Haferdrink mit Sahne und restlichem Zucker in einen Topf geben und unter Rühren aufkochen. Angerührtes Puddingpulver unterrühren und kurz aufkochen lassen. Pudding in eine Schüssel füllen, mit Klarsichtfolie abdecken und abkühlen lassen.

5 Übrige Butter mit Puderzucker cremig rühren. Abgekühlten Pudding nach und nach einrühren. Buttercreme auf den kalten Kuchen streichen und fest werden lassen.

6 Zartbitterkuvertüre grob hacken und in einer Metallschüssel über einem heißen Wasserbad schmelzen. Kuchen vorsichtig mit Kuvertüre überziehen und trocknen lassen. Danach in ca. 40 Würfel schneiden.

Für ca. 40 Stück:
350 g weiche Butter
250 g Zucker
5 Eier (Größe M)
250 g Weizenmehl
  (Type 405)
50 g Speisestärke
2 TL Backpulver
50 ml Espresso (alternativ starker Kaffee)
550 ml Haferdrink
  (z. B. von Kölln)

4 getrocknete Pflaumen
4 getrocknete Feigen
50 g Schokoladenmüsli
10 g Walnusskerne,
  gehackt
40 g Vanillepuddingpulver
100 g Schlagsahne
50 g Puderzucker
300 g Zartbitterkuvertüre

Zubereitungszeit:
1 Std.
Backzeit:
35 Min.

Nährwerte pro Stück:
200 kcal, 837 kJ,
3 g EW, 12 g F, 20 g KH

Marzipan-Nussecken

1 Für den Teig Mehl und Backpulver mischen und in eine Rührschüssel sieben. Zusammen mit Butter, Zucker, Ei sowie 1 Prise Salz zu einem glatten Teig verkneten und ca. 30 Minuten kalt stellen.

2 Inzwischen für den Belag Haselnüsse in einer beschichteten Pfanne rösten und wieder abkühlen lassen. Die Marzipanrohmasse grob raspeln. Butter in einem Topf zerlassen. Schmand, Zucker und Vanillezucker dazugeben und alles aufkochen. Vom Herd nehmen und Haselnüsse, Marzipanraspel und Bittermandelaroma unterrühren.

3 Den Backofen auf 175 Grad Ober- und Unterhitze (150 Grad Umluft) vorheizen. Das Backblech einfetten oder mit Backpapier auslegen. Den Teig gleichmäßig darauf ausrollen. Die Nussmasse daraufgeben, verteilen und glatt streichen.

4 Das Blech in den heißen Ofen schieben und den Teig ca. 20 Minuten backen. Anschließend auskühlen lassen. Den Kuchen dann zuerst in Quadrate und anschließend in Dreiecke schneiden.

5 Zartbitter- und weiße Kuvertüre getrennt voneinander über einem heißen Wasserbad zerlassen. Die Nussecken von den Spitzen her zuerst halb mit dunkler Kuvertüre, dann die übrigen Hälften mit der weißen Kuvertüre überziehen.

Für ca. 32 Stück:
Für den Teig:
300 g Weizenmehl (Type 405)
½ TL Backpulver
125 g Butter
50 g Zucker
1 Ei (Größe M), Salz
Für den Belag:
400 g gemahlene Haselnüsse
200 g Marzipanrohmasse

150 g Butter
100 g Schmand
200 g Zucker
1 Päckchen Vanillezucker
2–3 Tropfen Bittermandelaroma
Außerdem:
Fett für das Blech
150 g Zartbitterkuvertüre
150 g weiße Kuvertüre

Zubereitungszeit:
50 Min.
Kühlzeit:
30 Min.
Backzeit:
20 Min.

Nährwerte pro Stück:
333 kcal, 1393 kJ,
5 g EW, 23 g F, 26 g KH

Schokoplätzchen (Abb. S. 31)

1 Walnüsse fein mahlen. Schokolade fein reiben. Mehl, Speisestärke, Backpulver und Kakao mischen und in eine Rührschüssel sieben. Braunen Zucker und Zimt untermischen. Butter in Stückchen, Ei und 2–3 EL kaltes Wasser zugeben und alles mit einem Messer durchhacken, sodass sich die feuchten Zutaten verbinden.

2 Walnüsse und Schokolade dazugeben und alle Zutaten mit der Hand schnell zu einem glatten Teig verkneten. Teig in Folie wickeln und ca. 1 Stunde in den Kühlschrank legen.

3 Den Backofen auf 175 Grad Ober- und Unterhitze (160 Grad Umluft) vorheizen. Aus dem Teig walnussgroße Kugeln formen und diese etwas flach drücken. Plätzchen auf mit Backpapier belegte Backbleche setzen. In den heißen Ofen schieben und 12–15 Minuten backen. Plätzchen auf einem Kuchengitter auskühlen lassen.

4 Zartbitterkuvertüre hacken und in eine Rührschüssel aus Metall geben. In ein heißes Wasserbad setzen und die Kuvertüre unter Rühren schmelzen lassen.

5 Die Plätzchen mit Kuvertüre überziehen. Kurz antrocknen lassen. Die Walnüsse zur Hälfte in die übrige Kuvertüre tauchen und auf die Plätzchen setzen. Kuvertüre vollständig auskühlen lassen.

Tipp

Nach Geschmack können die Plätzchen auch mit heller Schokolade überzogen werden.

Für ca. 50 Stück:
Für den Teig:
100 g kalifornische
   Walnüsse
100 g Zartbitterschoko-
   lade
300 g Weizenmehl
   (Type 405)
50 g Speisestärke
1 Msp. Backpulver

2 geh. EL Kakaopulver
150 g brauner Zucker
1 TL Zimtpulver
225 g Butter
1 Ei (Größe M)
Außerdem:
200 g Zartbitterkuver-
   türe
200 g kalifornische
   Walnüsse

Zubereitungszeit:
90 Min.
Kühlzeit:
1 Std.
Backzeit:
15 Min.

Nährwerte pro Stück:
133 kcal, 556 kJ,
2 g EW, 10 g F, 9 g KH

Stollen & Lebkuchen

Honig-Walnuss-Lebkuchen

1 Honig, Margarine und Zucker in einen Topf geben und aufkochen. Danach das Ganze vom Herd ziehen und etwas abkühlen lassen. Den Backofen auf 180 Grad Ober- und Unterhitze (160 Grad Umluft) vorheizen.

2 Walnüsse sehr fein hacken. Mehl mit Lebkuchengewürz und Backpulver in einer Rührschüssel vermengen. Eier, Walnüsse und abgekühlte Honigmischung dazugeben und das Ganze zu einem glatten Teig vermengen.

3 Von den getrockneten Früchten einige zum Garnieren beiseitelegen. Den Rest sehr fein würfeln und dann unter den Teig mischen.

4 Ein Backblech mit Backpapier belegen. Einen Backrahmen mit 32 cm x 24 cm daraufsetzen, den Teig in dem Backrahmen verteilen und glatt streichen. In den heißen Ofen schieben und 30–35 Minuten backen. Danach aus dem Ofen nehmen und auskühlen lassen.

5 Für die Garnitur Puderzucker mit 2–3 EL Wasser zu einem glatten Guss verrühren. Die Walnüsse grob hacken. Die Belegkirschen und die beiseitegestellten getrockneten Früchte in kleine Würfel schneiden.

6 Den ausgekühlten Lebkuchen in 12 gleich große Stücke schneiden. Diese mit Zuckerguss bestreichen und mit Walnüssen und Früchten nach Belieben garnieren. Den Guss fest werden lassen und dann servieren.

Tipp

Diese Lebkuchen können natürlich auch auf Oblaten gebacken werden. Dafür nicht zu kleine Oblaten auf ein mit Backpapier belegtes Blech setzen, Teig daraufgeben und wie beschrieben backen und verzieren.

Für 12 Stück:
Für den Teig:
250 g flüssiger Honig
175 g Margarine
125 g brauner Zucker
100 g Walnüsse
350 g Weizenmehl
 (Type 405)
3 TL Lebkuchen-
 gewürz
½ Päckchen Back-
 pulver
2 Eier (Größe M)
150 g getrocknete
 exotische Früchte
Zum Garnieren:
125 g Puderzucker,
 gesiebt
40 g Walnüsse
rote Belegkirschen

Zubereitungszeit:
40 Min.
Backzeit:
35 Min.

Nährwerte pro Stück:
474 kcal, 1983 kJ,
6 g EW, 20 g F, 67 g KH

Pfefferkuchenhaus

1 Schablonen aus Pappe oder Backpapier zuschneiden: je 2 Rechtecke für das Dach (21 cm x 25 cm) und die Seitenwände (21 cm x 8 cm), 4 Rechtecke für den Schornstein (2,5 cm x 4 cm) sowie je 1 passende Vorder- und Rückwand mit Giebel.

2 Den Backofen auf 200 Grad Ober- und Unterhitze (180 Grad Umluft) vorheizen. Sirup und Zucker erwärmen und mit den übrigen Zutaten verkneten. Teig auf einer bemehlten Fläche ca. 1 cm dick ausrollen, anhand der Schablonen ausschneiden und auf ein bemehltes Backblech legen.

3 Die Teile des Pfefferkuchenhauses in den heißen Ofen schieben und auf der mittleren Schiene ca. 15 Minu-

ten backen. Anschließend herausnehmen und vollständig auskühlen lassen.

4 Für den Guss Eiweiß zu steifem Schnee schlagen. Mit gesiebtem Puderzucker zu einem festen Zuckerguss verrühren. In eine kleine Pergamenttüte füllen und die Hausteile damit zusammenkleben.

5 Guss antrocknen lassen. Jede Fuge von außen nochmals mit Zuckerguss verkleben. Häuschen abschließend mit übrigem Zuckerguss, Süßigkeiten und kernigen Haferflocken verzieren.

6 Zum Schluss Watte in den Schornstein stecken und das Haus mit Puderzucker überstäuben.

Für 1 Haus:
Für den Teig:
500 g Zuckerrübensirup
250 g Zucker
100 g Butter
2 Eier (Größe M)
600 g Weizenmehl
    (Type 405)
400 g zarte Haferflocken
5 TL Backpulver
4 EL Kakaopulver
2 TL Zimtpulver

1 TL gemahlener Anis
½ TL Nelkenpulver
Mehl für Arbeitsfläche
    und Blech
Für den Guss:
4 Eiweiß
1 kg Puderzucker
Zum Verzieren:
weihnachtliche Süßigkeiten
kernige Haferflocken
Puderzucker zum Bestäuben

Zubereitungszeit:
90 Min.
Backzeit:
15 Min.

Nährwerte pro Haus:
2973 kcal, 12.439 kJ,
160 g EW, 143 g F,
2319 g KH

Bunte Lebkucheneisenbahn

1 Für den Teig Honig, Zucker und Butter in einem Topf unter Rühren erhitzen, bis sich der Zucker aufgelöst hat. In eine Rührschüssel geben und abkühlen lassen. Mandeln, 400 g Mehl, Nelken, Kardamom, Piment, Zimt und Zitronenschale mit Kakao und Ei zur Buttermischung geben. Das Ganze gründlich durchkneten.

2 Pottasche mit 2 EL Wasser glatt rühren und zum Teig geben. Alles so lange weiterkneten, bis der Teig glänzt und nicht mehr klebt. Wenn nötig, etwas Mehl einrühren. Der Teig soll fest und formbar sein. Die Schüssel zugedeckt ca. 12 Stunden in den Kühlschrank stellen.

3 Ofen auf 180 Grad Ober- und Unterhitze (160 Grad Umluft) vorheizen. Ein Blech mit Backpapier auslegen und den Teig darauf verstreichen. Im Ofen 18–20 Minuten backen. Aus dem Ofen nehmen und vom Blech lösen. Auf einem Kuchengitter auskühlen lassen.

4 Aus dem fertigen Lebkuchenteig ca. 10 Kreise für die Waggons und 14 kleinere Kreise für die Räder ausstechen. Für Lok und Waggons ca. 7 Rechtecke (davon 3 kleinere) und 5 Quadrate (davon 1 größeres) ausstechen.

5 Aus Puderzucker und Zitronensaft einen sehr dicken, glatten Guss anrühren. Lebkuchenstücke damit bestreichen und die 6 Kreise zu einem runden Waggon zusammenkleben. Die 3 kleinen Rechtecke, die 4 kleineren Quadrate und die übrigen Kreise ebenso zusammenkleben.

6 Die zusammengesetzten Teile auf die größeren Rechtecke setzen, dabei wieder mit dem Zuckerguss befestigen. Für die Lok die 3 Kreise nah an die Quadrate setzen. Die Räder befestigen. Auf dem rechteckigen Waggon und der Lok die entsprechenden übrigen Lebkuchen befestigen. Nach Geschmack die Eisenbahn mit buntem Zuckerguss und bunten Zuckerperlen verzieren.

Für 1 Eisenbahn:
250 g Honig
250 g brauner Zucker
150 g Butter
100 g gemahlene Mandeln
ca. 400 g Weizenmehl (Type 405)
je ¼ TL Nelken-, Kardamom- und Piment-pulver
1 TL Zimtpulver
1 TL abgeriebene Zitronenschale (unbehandelt)
1 EL Kakaopulver
1 Ei (Größe M)
1 TL Pottasche
300 g Puderzucker
Zitronensaft
bunter Zuckerguss
bunte Zuckerperlen

Zubereitungszeit:
90 Min.
Kühlzeit:
12 Std.
Backzeit:
20 Min.

Nährwerte pro Eisenbahn:
6320 kcal, 26.443 kJ,
70 g EW, 193 g F,
1060 g KH

Christstollen Dresdner Art

1 Für den Vorteig Mehl in eine Schüssel geben, eine Mulde hineindrücken und Hefe in die Mitte bröckeln. Mit etwas Milch und 1 EL Zucker verrühren und zugedeckt ca. 30 Minuten an einem warmen Ort gehen lassen.

2 Zitronat und Orangeat klein hacken. Sultaninen und Korinthen waschen und trocken tupfen. Kandierte und getrocknete Früchte mit den Mandeln mischen und mit Rum übergießen. Gut durchziehen lassen.

3 Vanillezucker, Salz, Kardamom, Butter, Eier und Zitronenschale zum Vorteig geben und mit den Händen ca. 10 Minuten kräftig durchkneten. Zudecken und 40 Minuten an einem warmen Ort gehen lassen.

4 Früchtemischung unter den Vorteig kneten, in 4 Portionen teilen und diese zu dicken Stangen formen. Leicht ausrollen, sodass der Teig in der Mitte dünner ist als an den Rändern, und Ovale längs zusammenklappen. Stollen auf gefettete Bleche legen und zugedeckt 30 Minuten gehen lassen.

5 Backofen auf 200 Grad Ober- und Unterhitze (180 Grad Umluft) vorheizen. Stollen hineinschieben und zunächst 15 Minuten, dann weitere 55 Minuten bei 180 Grad backen.

6 Butter schmelzen, heißen Stollen damit bestreichen und mit Puderzucker bestäuben. Vor dem Servieren nochmals mit Puderzucker bestäuben.

Für 4 Stollen:
800 g Weizenmehl
(Type 550, z. B. von Aurora)
2 Würfel Hefe (à 42 g)
250 ml lauwarme Milch
100 g Zucker
je 100 g Zitronat und Orangeat
je 150 g Sultaninen und Korinthen
200 g gehackte Mandeln
2 EL Rum

2 Päckchen Vanillezucker
1 Prise Salz
1 Msp. Kardamompulver
250 g weiche Butter
2 Eier (Größe M)
abgeriebene Schale von 1 Zitrone (unbehandelt)
Fett für das Blech
100 g Butter zum Bestreichen
40 g Puderzucker zum Bestäuben

Zubereitungszeit:
1 Std.
Ruhezeit:
100 Min. + 3 Wochen
Backzeit:
70 Min.

Nährwerte pro Stollen:
2280 kcal, 9540 kJ,
43 g EW, 108 g F,
278 g KH

Quarkstollen

1 Ofen auf 170 Grad Ober- und Unterhitze (150 Grad Umluft) vorheizen. Zucker mit 175 g Butter, Quark, Eiern und Zitronenschale in einer Schüssel verrühren. Weinsteinbackpulver, Kardamom, Zimt und gemahlenen Ingwer mit dem Mehl mischen und nach und nach unter den Teig arbeiten.

2 Kandierten Ingwer nach Geschmack klein schneiden. Walnüsse klein hacken und beides mit den Rosinen unter den Teig kneten.

3 Teig in 3 Portionen teilen, auf der Arbeitsfläche zu kleinen Stollen formen. Dann auf mit Backpapier belegte Backbleche setzen und in den vorgeheizten Backofen schieben. In ca. 1 Stunde hellbraun backen.

4 Die restliche Butter zerlassen und die noch heißen Stollen mehrfach damit bestreichen. Anschließend dick mit Puderzucker bestäuben.

Tipp

Wer mag, kann die Rosinen in diesem Rezept auch durch klein geschnittene getrocknete Aprikosen ersetzen.

Für 3 Stollen:
200 g Vollrohrzucker
325 g Butter
250 g Quark
  (40 % Fett)
2 Eier (Größe M)
abgeriebene Schale
  von 1 Zitrone (unbehandelt)
1 Päckchen Weinsteinbackpulver (z. B. von Alnatura)

1 TL Kardamompulver
1 TL Zimtpulver
1 TL gemahlener
  Ingwer
550 g Dinkelmehl
  (Type 1050)
100 g kandierter Ingwer
100 g Walnusskerne
150 g Rosinen
Puderzucker zum Bestäuben

Zubereitungszeit:
40 Min.
Backzeit:
1 Std.

Nährwerte pro Stollen:
2290 kcal, 9581 kJ,
44 g EW, 119 g F,
258 g KH

Kletzenbrot

1 Für den Sauerteig 120 ml Wasser und 50 g Roggenmehl glatt rühren. 1–2 Tage an einem warmen Ort gehen lassen.

2 Kletzen ca. 12 Stunden in Wasser einweichen. Danach mit dem Einweichwasser erhitzen und 25 Minuten köcheln lassen.

3 Nach Ende der Gehzeit zum Vorteig weitere 50 g Roggenmehl geben und unterrühren. Das Ganze 1 Stunde gehen lassen. Inzwischen Kletzen mit Backpflaumen und Feigen hacken. Klein geschnittenes Trockenobst mit Rosinen in Rum einlegen und ziehen lassen.

4 Das übrige Roggenmehl und das Weizenmehl in eine Schüssel sieben. In die Mitte eine Mulde drücken

und Hefe hineinbröckeln. Das Ganze grob vermengen und dann mit dem Sauerteig sowie den Trockenfrüchten einschließlich Rum vermengen.

5 Salz, Nelken, Piment, Muskat, Kardamom, Zimt, Honig, Nüsse und Mandeln zugeben. 400 ml lauwarmes Wasser angießen und das Ganze rasch zu einem glatten Teig verkneten. Abdecken und an einem warmen Ort ca. 1 Stunde gehen lassen.

6 Den Backofen auf 180 Grad Ober- und Unterhitze (160 Grad Umluft) vorheizen. Den Teig zu einem Laib formen und mit Wasser bestreichen. Kletzenbrot in den heißen Backofen schieben und 60–70 Minuten backen. Danach die Stäbchenprobe machen. Auf einem Kuchengitter auskühlen lassen.

Für ca. 20 Stücke:
350 g Roggenmehl
  (Type 997)
200 g Kletzen (Dörrbirnen)
50 g Backpflaumen
50 g getrocknete Feigen
50 g Rosinen
200 ml Rum
250 g Weizenmehl
  (Type 405)

1 Würfel Hefe (42 g)
Salz
je 1 Msp. Nelken-, Piment-, Muskat-, Kardamompulver
½ TL Zimtpulver
20 g Honig
je 70 g ganze geschälte Haselnüsse und Mandeln

Zubereitungszeit:
1 Std.
Ruhezeit:
2 Tage + 12 Std. + 2 Std.
Backzeit:
70 Min.

Nährwerte pro Stück:
210 kcal, 879 kJ,
4 g EW, 5 g F, 32 g KH

Lebkuchen mit Cranberrys (Abb. S. 49)

1 Honig und Zucker in einen Topf geben. Unter Rühren erhitzen, bis sich der Zucker gelöst hat. Dann vom Herd ziehen und etwas abkühlen lassen.

2 Einige Walnüsse zum Garnieren beiseitelegen. Die anderen zusammen mit den Cranberrys fein hacken. Pottasche in 2 EL Wasser auflösen. Mehl und Lebkuchengewürz vermengen.

3 Die Hälfte des Mehls, Cranberrys, Walnüsse und aufgelöste Pottasche zum Honig geben und das Ganze glatt rühren. Die Masse mit dem restlichen Mehl glatt verkneten.

4 Ein Backblech mit Backpapier belegen. Den Teig daraufgeben und ca. 2 cm dick ausrollen. Rechtecke in einer Größe von ca. 5 cm x 6 cm mit einem Messer markieren. Das Blech für ca. 1 Stunde in den Kühlschrank stellen.

5 Den Backofen auf 180 Grad Ober- und Unterhitze (160 Grad Umluft) vorheizen. Das Blech nach Ende der Kühlzeit auf die mittlere Schiene schieben und den Lebkuchenteig 20–25 Minuten backen.

6 Puderzucker mit 100 ml Wasser in einen Topf geben und unter Rühren leicht sirupartig einkochen. Lebkuchen aus dem Ofen nehmen und das heiße Gebäck mit dem Sirup dünn bepinseln. Mit Cranberrys und den beiseitegelegten Walnüssen verzieren. Dann das Ganze entlang der Markierungen in Rechtecke schneiden.

Für ca. 25 Stück:
Für den Teig:
250 g flüssiger Honig
125 g Zucker
50 g Walnüsse
100 g getrocknete
  Cranberrys
1 TL Pottasche
300 g Weizenmehl
  (Type 405)
2 TL Lebkuchengewürz

Außerdem:
100 g Puderzucker
30 g getrocknete Cranberrys

Zubereitungszeit:
45 Min.
Kühlzeit:
1 Std.
Backzeit:
25 Min.

Nährwerte pro Stück:
137 kcal, 573 kJ,
2 g EW, 1 g F, 29 g KH

Feine Kuchen & Torten

Panettone

1 Zitronat und Orangeat fein hacken. Mit den Rosinen in Rum einweichen. Hefe zerbröckeln und mit 1 EL Zucker in lauwarmer Milch auflösen. Mehl in eine Rührschüssel geben.

2 Eine Mulde in das Mehl drücken. Hefe-Milch-Gemisch hineingeben und mit etwas Mehl vom Rand verrühren. Mit einem Küchentuch abdecken und an einem warmen, zugfreien Ort ca. 20 Minuten gehen lassen.

3 Danach Vanillezucker, Salz, Eigelb, Butter und Anis zugeben und alles zu einem glatten Teig verkneten. Nochmals abgedeckt ca. 40 Minuten gehen lassen.

4 Den Backofen auf 170 Grad Ober- und Unterhitze (150 Grad Umluft) vorheizen. Die eingelegten Früchte unter den Teig kneten. Den Teig auf 2 Portionen aufteilen. 2 Panettone-Backformen fetten und mit Backpapier ausschlagen. Teig hineingeben und nochmals ca. 20 Minuten gehen lassen.

5 Die Panettoni in den heißen Backofen schieben und auf der mittleren Schiene 45–60 Minuten backen. Nach 15–20 Minuten Backzeit die Oberflächen mit etwas Butter einstreichen und dann die Kuchen fertig backen. Die Stäbchenprobe machen.

6 Nach Ende der Backzeit die Formen aus dem Ofen nehmen und kurz ausdampfen lassen. Dann Panettoni vorsichtig aus den Formen lösen und auf ein Kuchengitter setzen. Vor dem Servieren vollständig auskühlen lassen.

Für 2 Kuchen à ca. 12 Stücke:

40 g Zitronat
40 g Orangeat
100 g Rosinen
2 EL Rum
½ Würfel Hefe (21 g)
50 g Zucker
200 ml lauwarme Milch
500 g Weizenmehl
 (Type 405)

1 Päckchen Vanillezucker
1 Msp. Salz
2 Eigelb (Größe M)
100 g weiche Butter
1 Msp. gemahlener Anis
Fett für die Form
1–2 EL Butter zum Bestreichen

Zubereitungszeit:
30 Min.
Ruhezeit:
80 Min.
Backzeit:
1 Std.

Nährwerte pro Stück:
151 kcal, 632 kJ,
3 g EW, 5 g F, 23 g KH

Gewürzkranz mit Birnen

1 Den Backofen auf 170 Grad Ober- und Unterhitze (150 Grad Umluft) vorheizen. Beide Zuckersorten mit Vanillezucker mischen und mit weicher Butter in eine Rührschüssel geben. Mit den Quirlen des Handrührgerätes ca. 10 Minuten schaumig schlagen. Lebkuchengewürz, Zitronen- und Orangenschale zugeben und unterrühren.

2 Birnen schälen, in Viertel schneiden und die Kerngehäuse entfernen. Dann das Fruchtfleisch in kleine Würfel schneiden. Mit Zitronensaft beträufeln, damit sie nicht braun werden. Getrocknete Birnen ebenfalls in Würfel schneiden, dann in eine Schale geben und mit dem Rum marinieren.

3 Beide Mehlsorten nach und nach mit Backpulver mischen und abwechselnd mit Eiern, Milch und Salz unter die Butter-Zucker-Masse rühren. Zum Schluss Birnen und Rumrosinen unterheben.

4 Eine Gugelhupfform mit Butter einfetten und mit Mehl bestäuben. Teig einfüllen und im heißen Ofen auf der mittleren Schiene ca. 1 Stunde backen.

5 Nach Ende der Backzeit den Kuchen kurz in der Form ausdampfen lassen. Dann auf ein Kuchengitter stürzen und auskühlen lassen. Vor dem Servieren mit Puderzucker bestäuben.

Für ca. 12 Stücke:
100 g brauner Zucker
150 g weißer Zucker
2 Päckchen Vanille-
    zucker
250 g weiche Butter
2 TL Lebkuchengewürz
abgeriebene Schale von
    1 Zitrone und 1 Oran-
    ge (unbehandelt)
350 g Birnen
2 EL Zitronensaft
50 g getrocknete Birnen
2 EL Rum

200 g Vollkornmehl
    (z. B. von Aurora)
100 g Weizenmehl
    (Type 405)
1 Päckchen Backpulver
6 Eier (Größe M)
100 ml Milch
5 g Salz
70 g Rumrosinen
Butter und Mehl für
    die Form
Puderzucker zum
    Bestäuben

Zubereitungszeit:
40 Min.
Backzeit:
1 Std.

Nährwerte pro Stück:
440 kcal, 1841 kJ,
7 g EW, 21 g F,
54 g KH

68

Dreikönigskrone

1 Den Backofen auf 200 Grad Ober- und Unterhitze (180 Grad Umluft) vorheizen. Eine Gugelhupfform mit Butter einfetten. Butter, Zucker und Honig in einer Rührschüssel schaumig schlagen. Die Eier nach und nach dazugeben.

2 Mehl mit Haferflocken sowie Backpulver mischen und unter den Teig rühren. Zwei Drittel des Teiges beiseitestellen. Das übrige Drittel Teig mit Mohn-Back, gemahlenen Mandeln, Bittermandelöl und Schlagsahne glatt rühren.

3 Zuerst eine dünne Schicht hellen Teig in die gefettete Gugelhupfform geben, dann etwas von dem Mohnteig. Abwechselnd die beiden Teige einfüllen. Auf der mittleren Schiene im heißen Ofen ca. 45 Minuten backen. Danach die Garprobe machen.

4 Nach Ende der Backzeit den Kuchen aus dem Ofen nehmen und kurz ausdampfen lassen. Dann aus der Form stürzen und auf einem Kuchengitter auskühlen lassen.

5 Weiße Schokolade unter ständigem Rühren über einem heißen Wasserbad schmelzen. Dann den abgekühlten Kuchen damit bestreichen.

Tipp

Für die Garprobe stecken Sie z. B. einen Schaschlikstab in die Mitte des Kuchens. Bleibt roher Teig daran kleben, muss der Kuchen weiterbacken, sind keine Teigreste am Stab, ist der Kuchen fertig.

Für ca. 15 Stücke:
Butter zum Einfetten
175 g Butter
115 g Zucker
60 g Honig
4 Eier (Größe M)
170 g Weizenmehl (Type 405)
80 g kernige Haferflocken

2 TL Backpulver
250 g Mohn-Back
100 g gemahlene Mandeln
5 Tropfen Bittermandelöl
100 g Schlagsahne
50 g weiße Schokolade

Zubereitungszeit:
25 Min.
Backzeit:
45 Min.

Nährwerte pro Stück:
341 kcal, 1427 kJ,
7 g EW, 21 g F,
31 g KH

Weihnachtskuchen

1 Für die Füllung Walnüsse hacken. Zucker in einem Topf hellgelb schmelzen. Nüsse unterrühren und vom Herd nehmen; die Masse soll nicht braun werden. 1 EL Wasser und Cremefine unterrühren, dann kalt stellen.

2 Für den Teig Mehl mit Margarine, Zucker, Salz und Ei glatt verkneten. Abdecken und 30 Minuten kalt stellen.

3 Den Backofen auf 225 Grad Ober- und Unterhitze (205 Grad Umluft) vorheizen. Teig dritteln. Eine Portion ausrollen und den Boden einer Springform (28 cm Durchmesser) damit auslegen. Zweite Teigportion zu einer Rolle formen und als Rand in die Form drücken. Nussmischung auf den Teigboden geben und glatt streichen.

4 Übrigen Teig ausrollen, in Größe der Form ausschneiden und auf die Füllung legen. Ränder andrücken. Teigreste ausrollen, Sterne ausstechen und auf den Kuchen legen.

5 Eigelb und Cremefine verquirlen und den Kuchen damit bestreichen. In den heißen Backofen schieben und auf der mittleren Schiene ca. 45 Minuten backen. Anschließend in der Form auskühlen lassen.

Tipp

Der Kuchen schmeckt auch lecker, wenn Sie zusätzlch noch 3 geschälte und klein gewürfelte Äpfel zugeben. Diese dann im Topf mit Walnüssen und Zucker erwärmen. Wer mag, kann zum Mehl dann auch noch je 1 Prise Zimt und geriebene Muskatnuss geben.

Für ca. 16 Stücke:
Für die Füllung:
400 g Walnusskerne
300 g Zucker
125 ml Cremefine zum
    Kochen
Für den Teig:
350 g Weizenmehl
    (Type 405)
200 g Margarine

150 g Zucker
1 Prise Salz
1 Ei (Größe M)
Zum Bestreichen:
1 Eigelb
2 EL Cremefine zum
    Kochen

Zubereitungszeit:
35 Min.
Kühlzeit:
30 Min.
Backzeit:
45 Min.

Nährwerte pro Stück:
415 kcal, 1732 kJ,
22 g EW, 8 g F, 46 g KH

Galette des Rois

1 Für die Konditorcreme 10 g Zucker, 2 Päckchen Vanillezucker, Speisestärke und 2 Eigelb in einer Rührschüssel schaumig schlagen. Dann Milch und Crème fraîche in einem Topf glatt rühren und unter Rühren zum Kochen bringen.

2 Eischaum untermischen und alles unter Rühren leicht kochen lassen. Konditorcreme in eine Schüssel geben. 10 g Butter untermischen und die Creme in einem kalten Wasserbad abkühlen lassen. Dabei ab und zu umrühren.

3 Blätterteig auftauen lassen. Für die Mandelfüllung 200 g von der vorbereiteten Konditorcreme abwiegen. In einer großen Rührschüssel übrige Butter schaumig schlagen. Das ganze Ei verquirlen.

4 1 Eigelb und verquirltes Ei, restlichen Zucker und Vanillezucker, Mandeln und Zitronenschale dazugeben. Zutaten gut verrühren. Konditorcreme dazugeben, mit der Mandelmasse vermengen und Rum untermischen.

5 Ofen auf 175 Grad Ober- und Unterhitze (155 Grad Umluft) vorheizen. Auf einer bemehlten Fläche die Hälfte des Blätterteiges dünn ausrollen. Eine Springform (26 cm Durchmesser) damit auslegen. Den Teigrand mit Eiweiß einstreichen.

6 Mandelfüllung auf dem Boden verstreichen. Dabei rundum einen ca. 1 cm breiten Rand freilassen. Einen Glücksbringer (z. B. eine gründlich gereinigte Münze oder eine Porzellanfigur) in die Füllung stecken.

7 Restlichen Blätterteig 2 mm dünn ausrollen. Kuchen damit bedecken. Teig an den Rändern andrücken und überschüssigen Teig abschneiden. Übriges Eigelb verquirlen und den Teig damit einstreichen. Teig mit der Gabel mehrmals einstechen und mit einem scharfen Messer ein Rautenmuster auf den Kuchen ritzen. Galette des Rois im heißen Backofen auf der mittleren Schiene 40–45 Minuten backen.

Für ca. 12 Stücke:
110 g Zucker
4 Päckchen Vanillezucker
15 g Speisestärke
4 Eigelb (Größe M)
70 ml Milch
60 g Crème fraîche
160 g Butter
330 g TK-Blätterteig

1 Ei (Größe M)
150 g gemahlene Mandeln
abgeriebene Schale von 1 Zitrone (unbehandelt)
3 EL Rum
Mehl für die Arbeitsfläche
1 Eiweiß (Größe M)

Zubereitungszeit:
1 Std.
Backzeit:
45 Min.

Nährwerte pro Stück:
397 kcal, 1661 kJ,
6 g EW, 31 g F, 23 g KH

Pflaumentörtchen

1 Den Ofen auf 200 Grad Ober- und Unterhitze (180 Grad Umluft) vorheizen. Den Blätterteig ausrollen und daraus 8 Kreise mit einem Durchmesser von 8–10 cm ausstechen. Diese auf ein mit Backpapier belegtes Backblech setzen.

2 Marzipan mit einer Gabel zerdrücken und mit der Sahne in eine Rührschüssel geben. Das Ganze cremig rühren und dann mittig auf den Blätterteigkreisen verstreichen.

3 Die Pflaumen waschen, trocken reiben, entsteinen und in Spalten schneiden. Dekorativ kreisförmig auf dem Marzipan verteilen. Törtchen in den heißen Ofen schieben und auf der mittleren Schiene in ca. 20 Minuten goldbraun backen.

4 Quittengelee leicht erwärmen und mit dem Likör glatt verrühren. Die Törtchen nach Ende der Backzeit aus dem Ofen nehmen und auf ein Kuchengitter setzen. Noch warm mit dem aromatisierten Gelee bestreichen und dann auskühlen lassen.

Tipp

Anstelle der Pflaumen können für dieses Rezept auch Äpfel verwendet werden. Dann den Pflaumenlikör durch Apfellikör ersetzen.

Für 8 Stück:
300 g Blätterteig
80 g Marzipanrohmasse
3 EL Schlagsahne
8 Pflaumen
100 g Quittengelee
2 cl Pflaumenlikör

Zubereitungszeit:
30 Min.
Backzeit:
20 Min.

Nährwerte pro Stück:
282 kcal, 1180 kJ,
3 g EW, 17 g F, 29 g KH

Mandel-Krokant-Torte

1 Ofen auf 175 Grad Ober- und Unterhitze (155 Grad Umluft) vorheizen. Den Boden einer Springform (20 cm Durchmesser) mit Backpapier auslegen. Für das Biskuit Eier trennen. Eiweiß steif schlagen und dann den Zucker einrieseln lassen. Weiterschlagen, bis die Masse fest und glänzend ist. Eigelb glatt rühren und unterziehen. Mehl sieben und mit den Mandeln mischen. Unter den Eischnee heben.

2 Den Teig in die Springform füllen und im heißen Ofen auf der mittleren Schiene ca. 35 Minuten backen; die Stäbchenprobe machen. Biskuit herausnehmen, aus der Form lösen und auf einem Kuchengitter auskühlen lassen.

3 Die Hälfte der Milch in einem Topf erhitzen und Schokolade darin schmelzen. Übrige Milch mit Stärke und Zucker verrühren. Zur Schokomilch gießen und unter Rühren kurz aufkochen lassen. In einer Schüssel erkalten lassen, dabei gelegentlich umrühren.

4 Ein Backblech ölen. Puderzucker sieben und in einem Topf bei kleiner Hitze karamellisieren. Mandeln unterrühren. Mandelkrokant auf dem Blech glatt streichen und erstarren lassen. Dann vom Blech lösen und hacken. Butter weiß-schaumig schlagen und löffelweise unter den Schokopudding rühren. Dann den Krokant unterheben. Tortenboden zweimal waagerecht durchschneiden und mit der Schoko-Krokant-Creme füllen. Böden aufeinandersetzen.

5 Für den Guss Puderzucker und Kakao mischen. Kokosfett schmelzen, etwas abkühlen lassen und mit 1–2 EL heißem Wasser unter die Zuckermischung rühren. Torte damit dünn überziehen. 1–2 Stunden kalt stellen.

6 Zucker in einer Pfanne erhitzen. Wenn er zähflüssig und goldgelb ist, Karamell mithilfe einer Gabel in dicken Fäden auf Backpapier geben. Fest werden lassen und dann in große Stücke brechen. Torte damit garnieren.

Für ca. 8 Stücke:
Für das Biskuit:
3 Eier (Größe M)
100 g Zucker
60 g Weizenmehl
  (Type 405), 60 g
  gemahlene Mandeln
Für die Creme:
60 g Zartbitterschokolade (70 % Kakaoanteil), gehackt
260 ml Milch

30 g Speisestärke
60 g Zucker, neutrales
  Öl, 60 g Puderzucker
80 g gemahlene Mandeln
100 g weiche Butter
Für den Guss:
100 g Puderzucker
20 g Kakaopulver
15 g Kokosfett
Für die Garnitur:
75 g Zucker

Zubereitungszeit:
1 Std.
Backzeit:
35 Min.
Kühlzeit:
2 Std.

Nährwerte pro Stück:
562 kcal, 2351 kJ,
9 g EW, 30 g F, 64 g KH

Weihnachtliche Schoko-Nuss-Torte

1 Ofen auf 180 Grad Ober- und Unterhitze (160 Grad Umluft) vorheizen. Mehl mit Backpulver und Kakao mischen. Eier, Zucker und Amaretto 8 Minuten dickcremig schlagen. Mehlmischung darübersieben und unterheben. Walnüsse unterziehen. Den Boden einer Springform (24 cm Durchmesser) mit Backpapier auslegen. Teig einfüllen und glatt streichen. Ca. 30 Minuten backen.

2 Biskuit in der Form 10 Minuten abkühlen lassen. Dann aus der Form lösen und auf einem Tortengitter auskühlen lassen. Boden einmal waagerecht durchschneiden.

3 Für die Schokosahne Kuvertüre hacken und in einer Metallschüssel über einem heißen Wasserbad schmelzen. Abkühlen lassen. Gelatine in kaltem Wasser einweichen. Sahne steif schlagen, dann Zucker und Vanillinzucker einrieseln lassen. Rum erhitzen, Gelatine ausdrücken und im Rum auflösen. Espressopulver zugeben und das Ganze zügig unter die geschlagene Sahne rühren. Kuvertüre unterrühren und 5–10 Minuten in den Kühlschrank stellen.

4 Für die Böden Walnüsse fein hacken und mit der Konfitüre verrühren. Biskuitböden auf der aufgeschnittenen Seite damit bestreichen. Unteren Boden mit der bestrichenen Seite nach oben auf eine Tortenplatte setzen. Gut ein Drittel der Schokosahne darauf verstreichen. 5 Minuten kühl stellen. Oberen Boden mit der bestrichenen Seite nach unten darauflegen und leicht andrücken.

5 5 EL Schokosahne in einen Spritzbeutel mit Lochtülle füllen. Torte mit übriger Schokosahne ringsum einstreichen. Tupfen und Linien aufspritzen. Auf jeden Tupfen 1 Walnusshälfte setzen. Torte 3–4 Stunden kalt stellen. Puderzucker und Kakao sieben, dann mit Marzipan verkneten. Ausrollen und Sterne ausstechen. Torte mit Sternen garnieren und mit Kakao bestäuben.

Für ca. 12 Stücke:
Für das Biskuit:
100 g Weizenmehl (Type 405), 2 TL Backpulver, 20 g Kakao, 4 Eier (Größe M) 120 g Zucker, 4 EL Amaretto, 100 g gemahlene Walnüsse
Für die Schokosahne:
200 g Zartbitterkuvertüre

6 Blätter weiße Gelatine 500 g Schlagsahne, 50 g Zucker, 30 g Vanillinzucker, 3 EL Rum, 3 TL löslicher Espresso
Für die Böden:
50 g Walnüsse
200 g Kirschkonfitüre
Für die Sterne:
25 g Puderzucker, 2 TL Kakao, 50 g Marzipanrohmasse

Außerdem:
12 Walnusshälften
Kakao

Zubereitungszeit:
90 Min.
Back- und Kühlzeit:
30 Min. + 4 Std.

Nährwerte pro Stück:
510 kcal, 2134 kJ, 8 g EW, 30 g F, 52 g KH

Register

Bildnachweis

Almond Board of California: 17; Alnatura: 8, 9 (Hinterlegung), 59; Aurora: 57, 67; Böttcher/Bassermann Verlag: 77; California Walnut Commission: 10 links, 31, 41, 51, 79; Cranberry Marketing Committee: 49; fotolia.com: Corinna Gissemann 4 unten links und 5 (Hinterlegung), IngridHS 10 rechts; Köllnflocken: 45, 53, 63, 69; Landesvereinigung der Bayerischen Milchwirtschaft: 25; Leser/Falken Verlag: 15, 19; Lipton: 11; Newedel/Bassermann Verlag: 33, 35, 37, 39, 47; Photocuisine: 13, 27, 29; pixelio.de: w.r.wagner 5 links, 5 unten, 6 oben, 6 Mitte, gänseblümchen 5 oben und 9 oben, Segovax 6 unten links; Rama: 71; shutterstock.com: ksena2you 4 oben rechts, Marina Shanti 6 unten rechts und 7 (Hinterlegung), Magdalena Kucova 7, Elena Elisseva 21; StockFood: 9 unten, 23, 43, 55, 61, 65, 73, 75